AF370851

JOSEPH ANGOT

NOTES

DE

BIBLIOGRAPHIE LITURGIQUE BRETONNE

I

BRÉVIAIRES ET MISSELS DES ÉGLISES

ET ABBAYES BRETONNES DE FRANCE ANTÉRIEURS AU XVII° SIÈCLE

II

SOMMAIRE CHRONO-BIBLIOGRAPHIQUE DES LIVRES LITURGIQUES

DU DIOCÈSE DE NANTES

PARIS

HONORÉ CHAMPION

LIBRAIRE-ÉDITEUR

5, quai Malaquais, 5

NANTERRE

M. LE DAULT

LIBRAIRIE BRETONNE

76, rue Saint-Germain, 76

VANNES

LAFOLYE FRÈRES, ÉDITEURS

2, place des Lices, 2

1907

NOTES

DE BIBLIOGRAPHIE LITURGIQUE BRETONNE

(EXTRAIT DE LA *Revue de Bretagne*)

JOSEPH ANGOT

NOTES

DE

BIBLIOGRAPHIE LITURGIQUE BRETONNE

I

BRÉVIAIRES ET MISSELS DES ÉGLISES

ET ABBAYES BRETONNES DE FRANCE ANTÉRIEURS AU XVIIe SIÈCLE

II

SOMMAIRE CHRONO-BIBLIOGRAPHIQUE DES LIVRES LITURGIQUES

DU DIOCÈSE DE NANTES

PARIS

HONORÉ CHAMPION

LIBRAIRE-ÉDITEUR

5, quai Malaquais, 5

NANTERRE

M. LE DAULT

LIBRAIRIE BRETONNE

76, rue Saint-Germain, 76

VANNES

LAFOLYE FRÈRES, ÉDITEURS

2, place des Lices, 2

1907

NOTES

DE

BIBLIOGRAPHIE LITURGIQUE BRETONNE

I

BRÉVIAIRES ET MISSELS DES EGLISES ET ABBAYES BRETONNES DE FRANCE ANTÉRIEURS AU XVIIe SIÈCLE*

La Société Archéologique d'Ille-et-Vilaine compte à peine une centaine de membres, mais l'élite des archéologues bretons a figuré sur ses listes et successivement MM. Audren de Kerdrel, Arthur de la Borderie, Guillotin de Corson et Lucien Decombe — pour ne citer que ceux-là — se sont fait un honneur de la présider. Le zèle de ses travailleurs lui a conquis une des premières places parmi les sociétés savantes de France et son dernier volume de Mémoires (t. XXXV), particulièrement, est un remarquable et riche recueil de documents bretons. Tandis que M. Barthélémy Pocquet continue ailleurs, par le IVe volume de l'*Histoire de Bretagne*, l'œuvre de M. de la Borderie son prédécesseur à la présidence, M. Paul Banéat poursuit sur le *Vieux-Rennes* ses travaux analogues à ceux de M. le chanoine Durville, à Nantes, et M. l'abbé Anger, la publication de son *Cartulaire de l'Abbaye de Saint-Sulpice-la-Forêt*.

Ce volume contient de plus la continuation posthume du travail du regretté chanoine Guillotin de Corson sur les *Petites seigneuries du Comté de Rennes* et surtout le travail de M. l'abbé Duine sur *les Missels et Bréviaires des Eglises et Abbayes bretonnes de France antérieurs au XVIIe siècle*. C'est de ce dernier

---

* A propos du travail de M. l'abbé F. Duine. (*Mémoires de la Société Arch. d'Ille-et-Vilaine*, t. XXXV, 1906, pp. 1 à 231 ; — et tirage à part de 50 ex. Prost, Rennes, 1906, in-8°, 236 p.)

travail que je demande, au lecteur la permission de l'entretenir ,
m'autorisant d'une faible collaboration à la partie Nantaise pour
examiner rapidemment les limites de ce travail, sa méthode, et
me permettre quelques conclusions plus spécialement suggérées
par ce qui concerne notre diocèse (chap. IV).

I. — C'est volontairement que M. l'abbé Duine a restreint les
limites de son travail sous le double rapport de l'espace et du
temps. Depuis plus de vingt ans que cet opiniâtre érudit par-
court les bibliothèques publiques ou privées de la France et de
l'étranger, la presque totalité des livres liturgiques bretons a dû
lui passer entre les mains. Rien ne l'empêchait d'étendre son
enquête aux pays Celtiques d'Outre-Manche, — dont il possède
à fond l'Hagiographie, — et de la poursuivre jusqu'à l'époque
moderne. Rien, — sinon que M. l'abbé Duine n'a pas coutume
d'entreprendre des travaux de seconde main et sans utilité
immédiate.

En Bretagne, dans les diocèses « crottés », comme on dési-
gnait alors les plus pauvres, les anciens bréviaires furent défini-
tivement abandonnés dans le premier quart du XVIIe siècle, —
et par question d'économie semble-t-il, — pour le *pianum* ou
bréviaire Romain réformé de Pie V en 1568. « Les Messes en
l'honneur des Saints de la Province perdent leur cachet propre
et leurs anciennes hymnes. Les antiques leçons des Nocturnes,
taillées à même les vieux Légendaires, sont abrégées et leur latin transformé. Les calendriers qui abondaient en personnages
locaux délaissent les petits saints des aïeux pour adopter des bien-
heureux de réputation plus brillante. Ainsi l'hagiographe n'a-t-il
rien à tirer de ces nouveaux documents. »(1) Ils ne relèvent que
de l'historien de notre liturgie provinciale qui est encore à trouver et du bibliophile qui peut y suivre les progrès considérables
dans le développement de l'Imprimerie Bretonne.

Des raisons toutes différentes ont retenu M. l'abbé Duine dans
l'extension de son étude aux pays Celtiques. Depuis le grand
mouvement liturgique que déterminait, en 1840, la publication
des *Institutions Liturgiques* de dom Guéranger et que signalait
immédiatement la vigoureuse polémique de Mgr Fayet, évêque
d'Orléans, les liturgies provinciales se sont ralliées au rite romain : Saint-Brieuc, Vannes et Rennes, en 1848; Quimper, en

____

(1) DUINE. *Op. cit.*, p. 7.

1852 ; Nantes, en 1858. L'érudition la plus méticuleuse et la critique la plus scrupuleuse se sont attachées à cette question et, sous la direction de dom Cabrol, les Bénédictins de France ont entrepris de la codifier et de résumer les résultats de 60 années de travaux dans un gigantesque *Dictionnaire d'Archéologie et de Liturgie*, comme ils savent les faire. Et cependant, parmi tant de travailleurs et d'érudits, c'est-à-peine si les liturgies provinciales peuvent revendiquer *un* défenseur et s'honorer du labeur du chanoine Ulysse Chevalier. La quantité d'hymnes inédites mises à jour en Allemagne par M. Clément Blume et Guido, Dreves est prodigieuse ; en Angleterre, les vieux bréviaires d'York et d'Abersdeen, les Missels d'Hereford, de Westminster, de Robert de Jumièges, évêque de Londres, de Léofric, évêque d'Exéter ont trouvé de soigneux éditeurs, et des savants ont mis tout leur talent à la publication des vieux calendriers ecclésiastiques d'Ecosse et des Martyrologes Irlandais (1). La part était assez belle en Bretagne Française pour M. l'abbé Duine sans qu'il songeât à chercher chez les voisins, où son érudition eût, je n'en doute pas, trouvé encore à glaner. Cette limitation volontaire dans un champ si riche et encore pour ainsi dire inexploité est une marque de méthode et de continence scientifique qu'il fallait signaler.

II. — Le scrupuleux travail de préparation analytique auquel s'est livré M. l'abbé Duine lui eût donné droit de nous développer des aperçus généraux sur l'hagiographie bretonne et de construire synthétiquement quelque théorie définitive. On peut regretter qu'il n'ait point entrepris ce travail et qu'il ait voulu se borner aux limites d'un répertoire excessivement documenté. Il ne reste donc à examiner au point de vue de la méthode que les procédés d'investigation et de distribution des documents recueillis, analysés et vérifiés.

Le nom de M. L'abbé Duine et son passé de travailleur donnent toute confiance et les lecteurs de *l'Hermine*, de la *Revue des Traditions Populaires* et des *Saints de Brocéliande* savent ce que vaut cet éloge. D'une érudition généralement très informée, il sait critiquer et, pour m'exprimer ainsi, donner aux sources qu'il utilise un coefficient de crédibilité généralement exact. Je ne ferai qu'une légère réserve pour l'abbé Travers, qui semble

(1) Duine. *Op. cit.* p. 10.

admis bien facilement en si savante et si impeccable compagnie.
La critique de sincérité ne trouve pas plus à redire ici que celle
d'exactitude : j'en citerai comme exemple la façon courageuse
dont l'auteur dit leur fait aux obstinés partisans de la légende
de l'apostolicité de l'église de Nantes (1) (p. 28) et dont il malmène
romans archéologiques à thèse de dom Plaine (p. 137 et *alias*).

Le travail de M. l'abbé Duine se compose de cinq parties :

1° Une Préface indiquant les limites de son étude, la question
de l'unification liturgique et l'intérêt onomastique des Calendriers.

2° Un corps d'ouvrage divisé en neuf chapitres correspondant
à ce qu'il y eut d'évêchés bretons : au diocèse moderne de
Rennes (I) auquel ont été rattachés l'ancien archevêché de Dol (II)
et l'évêché de Saint-Malo (III) ; — au diocèse de Nantes (IV), le plus
ancien de Bretagne ; — au diocèse de Vannes (V), d'origine Gallo-
Romaine ; — au diocèse de Quimper (VI) avec lequel s'est fondu
celui de Saint-Pol-de-Léon (VII) ; — pour finir avec celui de
Saint-Brieuc (VIII) qui ne fut constitué qu'au IXe siècle et qui de-
vait s'aggrandir à la Révolution de l'évêché de Tréguier (IX).

3° Une Postface où l'auteur examine l'origine des Bréviaires
et des Missels, diverses questions d'archéologie liturgique, et dis-
cute l'opinion de M. de la Borderie sur l'origine Bretonne du
Manuscrit latin N° 3 de la Bibl. Nat. dans lequel l'éminent archéo-
logue croyait reconnaître la Bible déposée au IXe siècle par le
machtiern Anowareth sur l'autel de Saint-Maur-de-Glanfeuil
(p. 203).

4° Un Appendice composé d'Errata et d'Addenda complétant
très heureusement les documents sur l'histoire de l'Imprimerie
en Bretagne, contenus dans le reste du travail.

5° Une Table analytique qui est pour les curieux de liturgie,
d'imprimerie ou d'hagiographie bretonnes, un indispensable ins-
trument de bibliographie.

III. — La distribution un peu confuse du volume (certaines
parties de la Préface auraient demandé à être rapprochées de la
Postface ; d'autres à être rejetées en Appendice : les Calendriers,

---

(1) Il y a deux ans (octobre 1905) un missionnaire diocésain racontait encore
dans la chaire de la cathédrale de Nantes la pieuse histoire du « disciple de
Saint-Pierre, » et cela tout en connaissant l'invraisemblance de cette légende, mais
parce que « le père Cahour » l'avait enseigné. Ce fait se passe de commentaires !

p. 9, et les pp. 195 et 203) et sa composition fragmentaire eussent gagnées à être fondues dans un ordre plus clair et plus méthodique. Un critique sévère pourrait regretter l'abondance de certains détails et lui reprocher, au nom du manque d'unité, le caractère de « Miscellanées » qu'indiquent les sous-titres. Ne nous en plaignons point. C'est un peu, paraît-il, le défaut des érudits de dire tout ce qu'ils savent ou du moins tout ce qu'ils savent sur la question. Quand les détails qu'ils nous donnent sont inédits, gros d'intérêt, sur un sujet des plus attrayants et des plus neufs, il serait mal venu de s'en plaindre. Ce serait la pire ingratitude contre le courageux érudit qui a épigraphié le résultat de vingt ans de recherches de l'admirable et trop rare précepte d'abnégation qu'enseignait Mabillon (il est vrai que c'était Mabillon !) : « Travaillons pour les autres ! »

II

MISSELS, BRÉVIAIRES ET RITUELS NANTAIS

(Sommaire Chrono-Bibliographique).

Dans la précédente étude, en même temps que nous signalions la limitation volontaire de M. l'abbé Duine dans ses investigations sur les livres liturgiques de Bretagne, nous indiquions l'intérêt qu'il y aurait pour un érudit compétent à se faire l'historien de notre liturgie provinciale. La liturgie, l'hagiographie et l'archéologie sont sœurs et leurs destins sont mêlés. Il ne nous a pas semblé oiseux de nous demander pour quelles raisons une étude aussi intéressante, aussi grosse de résultats, avait été si longtemps différée. Il nous a semblé en trouver les raisons dans ce fait que les historiens désignés, liturgistes ou théologiens, se trouvaient le plus souvent chargés d'un lourd ministère ou d'un enseignement exigeant leur laissant trop peu de temps pour une recherche minutieuse et patiente des documents de leur œuvre future. Il nous a semblé également qu'il serait possible à des érudits désintéressés de condenser leurs observations et de réunir les documents qu'ils peuvent avoir pour préparer un travail dont les conséquences semblent à l'avance si heureuses. Nous avons cru aussi ne pouvoir donner plus de poids à cette remarque

qu'en dressant une liste sommaire des livres liturgigiques du
diocèse de Nantes, en indiquant le lieu de leur dépôt, et les prin-
cipaux travaux qui les ont relatés…. travail bien incomplet, nous
le savons, mais qui, nous l'espérons aussi, ne sera point un obs-
tacle aux travailleurs compétents dans le domaine desquels il ne
veut point entrer en intrus ; — travail incomplet dont la seule
prétention est d'être premier en date (1) et la seule ambition
d'être complété.

L'office divin remonte aux premiers siècles de l'Église. Tertul-
lien en marque l'ordre des prières et au VIe siècle, sous Célestin,
l'office de Rome reçoit sa constitution définitive et se répand dans
l'Église. Au VIIe siècle la France le possède, au IXe siècle il y
parvient à son apogée : son texte intégral est constitué et le point
culminant de son développement historique atteint. De cette période de splendeur notre liturgie provinciale ne nous a rien laissé,
rien que des rites anciens recueillis dans les ouvrages postérieurs.

Au XIIIe siècle, sont portées les premières atteintes à l'office
basilical. Une bulle de Grégoire IX, en date du 7 juin 1241, au-
torise un abrégé de l'office, *bréviarium portatilium*. C'est à cette
époque que remontent nos plus anciens livres liturgiques
Nantais connus. (*Missel de Barbechat, Ordinaire* de 1263).

Malgré les relations nouées entre la Bretagne et Rome dès le
XVe siècle, notre liturgie, en raison de la distance sans doute et
d'une opiniâtreté traditionnelle, se préserve des réformes huma-
nistes patronnées par Nicolas V, Pie II et Léon V, auxquelles
venait heureusement mettre un terme la prise de Rome par
Charles-Quint en 1527. La réforme du Bréviaire par le Cardinal
de Quignoneu, sous le Pontificat de Clément VII qui avait repris

---

(1) Toute réserve est faite évidemment pour le beau travail de M. l'abbé Duine
qui s'étend, pour la partie Nantaise, à 10 manuscrits (5 Bréviaires et 5 Missels) et
à 8 imprimés (4 Bréviaires et 4 Missels). — Pour simplifier les références nous
indiquons par D, les renvois aux *Bréviaires et Missels des Églises et Abbayes
bretonnes de France antérieurs au XVIIe siècle* de M. l'abbé Duine (Rennes,
1906), et par P, ceux au T. I du *Catalogue Méthodique de la Bibl. de Nantes* par
M. Em. Pérant (Nantes, 1859). Les *numéros* correspondent aux cotes de classe-
ment portés par les volumes dans ces deux catalogues.

A consulter encore : *Missæ et officia propria diæcesis Nannetensis* (Nantes,
1857) ; — Mgr Richard, *Étude sur la Légende liturgique de saint Clair* (Nantes,
1885) ; — La Borderie. *Archives du Bibliophile Breton*, t. I, ch. 3., l'*Imprimerie à Nantes au XVIe siècle* (Rennes, 1883) : — Mis des Granges de Surgères.
Les Imprimeurs Nantais (Paris, 1898) ; — Travers. *Histoire de Nantes*. (Avec
circonspection et sous réserves de contrôle) : etc.

le projet de Léon X, fut trop éphémère pour avoir eu un écho jusqu'en nos liturgies. Imprimé en 1536, ce bréviaire était déjà abandonné en 1558.

Le concile de Trente s'occupe activement de la réforme du *Bréviaire*. Paul IV fait la réforme si désirée en 1568. Pie V en achève l'édition. En 1602, Clément VIII fait reviser les textes ; Urbain VIII modifie les hymnes et les leçons ; Léon XII établit les règles de translation des fêtes et institue des offices votifs. La rivalité de la liturgie Nantaise et du rite Romain et la prédominance laborieuse de ce dernier devra faire l'objet d'un des plus intéressants chapitres de la future histoire de la liturgie Bretonne.

Une autre période également curieuse sera celle de l'influence Janséniste et de la réaction Gallicane contre l'influence Romaine. Dès 1680, François de Harlay réforme le Bréviaire parisien dans un esprit gallican qui influe sur celui du Bréviaire de Cluny de 1686. Puis, dans un esprit Janséniste de plus en plus accentué en 1727, le Bréviaire de Foissard, ceux de Sens, Auxerre, Rouen, Orléans, Lyon, en 1736, celui de Paris réformé par l'archevêque Vintimille : mouvement dont les derniers efforts aboutissent aux Bréviaires de Toulouse, de Chartres et à celui de Poitiers réformé par le Lazariste Jacob. A ce dernier, se rallie le diocèse de Nantes sous l'épiscopat de Mgr de la Laurencie jusqu'à la réforme de Mgr Micolon de Guérines en 1836.

L'église française de l'abbé Chatel eut dans le temple du Sanitat des partisans assez nombreux et obstinés. Nantes fut un centre ardent de prosélytisme et plusieurs volumes de cette prétendue liturgie nationale y furent, croyons-nous, imprimés.

En 1853, Mgr Jacquemet réunissait une commission liturgique sous la présidence de Mgr le Cardinal Richard, alors Vicaire général du diocèse de Nantes. En 1857, le travail était achevé, ses conclusions publiées, et le diocèse de Nantes rattaché au rit Romain.

Tels sont, à brèves étapes, les rapports de la liturgie Nantaise avec l'histoire de la Liturgie ; résumé qui n'a d'autre but que de relier un peu, pour le lecteur, le sommaire chronologique suivant aux grands courants liturgiques. Des raisons, purement matérielles sont causes de la distribution arbitraire en *Bréviaire* et ses parties (B) auquel ont été rattachés les *Heures* et les *Propres*, les *Psautiers* et les *Vespéraux*; — *Missels* et ses parties (M), *Graduels*; — et *Rituels* (R), *Processionnaux, Ordonnances* et *Mandements* (du moins ceux qui présentent un intérêt liturgique réel). Il nous a semblé inutile de faire rentrer dans cette bibliographie les *Manuels* et *Paroissiens* modernes (Bibl. de Nantes, nᵒˢ 11.972, 11.973, 11.975), les *Ordos*, les publications liturgiques particulières : *Bénédiction des saintes-huiles, Réceptions d'évêque* (Bibl. de Nantes, 11.976 à 11.978. — 11.964), les *Hymnaires* ou *Cérémoniaux* monastiques, (*Cérémonial à l'usage des religieuses de l'ordre de Sainte-Claire de Nantes*. Nantes, Henry de Graeff, 1681, in-8°, P. 1368 ; — *Recueil d'Instructions des Dames du Calvaire de Nantes*, P. 1366 ; — *de la Grande Providence*...etc..), les publications protestantes, (*Recueils de cantiques, hymnes* etc. Nantes, Brun, 1812, in-8°, etc..., qui n'auraient avec l'histoire de la liturgie provinciale que des rapports éloignés et sans grand intérêt.

SOMMAIRE CHRONOLOGIQUE DES LIVRES LITURGIQUES DU DIOCÈSE DE NANTES

Nᵒˢ	B.	M.	R.	
1.		XIIᵉ s.		**Missel de Barbechat.** — Bibl. Nationale, ms. lat. 1890 des nouvelles acquisitions. — (D. 39 ; — et **J. Angot**, *Le Missel de Barbechat*, Nantes, Dugas, 1907, in-8°.
2.			1263	**Nannetensis ecclesie Ordinarium,** dit Ordinaire du chantre Elie. — Paris, Bibliothèque Sainte-Geneviève, ms. 1251. (D. p. 83 ; — Mˢʳ **Richard**, *op. cit.* p. 13-20 ; — *Hist. Littéraire de la France*, t. XXIX, p. 606-612, sous la signature de L. Delisle.)
3.		XIVᵉ s.		**Missel de Barbechat,** dit Missel des chantres. — A la Fabrique de Barbechat. — (D, 40.)
4.	XIVᵉ s.			**Breviarium ecclesie Nannetensis.** — Bibl. de M. le chanoine Ulysse Chevalier. — (D, 30.)
5.	XIVᵉ s.			**Breviarium ecclesiæ Nanneentsis.** Fitzwilliam Museum de Cambridge, ms. 31. Bréviaire dit de Raoul Trial (probablement Tual), chanoine de la collégiale Notre-Dame de Nantes et confesseur de François II. — (D, 31.)

Sommaire chronologique des Livres liturgiques *(suite*

N°	B.	M.	R.	
6.	1427			Breviarum secundum usum ecclesie **Sancti Petri Nannetensis**. — Bibl. de Nantes, ms. latin 25. Bréviaire dit de 1400 par les auteurs du travail liturgique de 1857 : *Missae et officia propria.* n° 105 — (D, 32 ; — et P, 1289.)
7.	1470			Breviarium secundum usum ecclesiæ **Nannetensis ordinarium**. — Bréviaire dit de 1470 par les auteurs du N° 105. Bibl. de Nantes, ms. lat. 26. — (D, 33 ; — et P, 1290).
8.		XVᵉ s.		Missel des **Carmes de Nantes**. — Collection Henry Yates Thomspson. — (D, 41.)
9.		XVᵉ s.		Missel de **Nantes**. — Bibl. du Grand-Séminaire de Nantes. — (D, 42.)
10.	?			Office manuscrit de **Saint-Viaud**. —Cité par Albert-le-Grand ; pas d'exemplaire connu. — (D, 34.)
11.	?			Bréviaire manuscrit de l'abbaye de Saint-Gildas-des-Bois. Cité par les Bénédictins bretons. — D, 35.
12.	?			Missel manuscrit des Chartreux de Nantes.
13.		XVIᵉ s.		Missel de **Nantes**. — Bibl. du Mans, ms. 223. — (D, 43.)
14.	1480			Bréviaire de **Nantes**. Imprimé à Venise par ordre de Pierre du Chaffault, évêque de Nantes. — Pas d'exemplaire connu. — (D, 36.)
15.		1482		Missel de **Nantes**. Imprimé à Venise par ordre de Pierre du Chaffault. — Bibl. de Nantes. — D, 44 ; — P, 1276 ; et **Travers**, *Hist. de Nantes*, t. II, p. 180).
16.	1498			Heures à l'usage de **Nantes**, imprimées chez Ernest Larchier à Nantes. — P, 1315.
17.			1498	Manuel de Jean de l'Espinai ? — **Travers**, *Hist. de Nantes*, t. II, p. 362.)

Sommaire chronologique des Livres liturgiques (suite)

N°	B.	M.	R.	
18.	XV s.			**Bréviaire de Nantes**, en 2 vol. (?), imprimé sur peau de velin par Est. Larchier. D'après Armand Cigongne. — (P, 1290.)
19.		1501		**Missel de Nantes**, imp. par Guillaume Larchier. Révision du Missel de Pierre Duchaffault de 1482, par ordre de l'évêque Guillaume Guéguen. — Mentionné par **Travers** ; pas d'exemplaire connu. — (D, 45 ; — **La Borderie.** *Arch. du Bibliophile Breton,* t. I, pp. 44, 46, 47, 107, 117 ; **Travers.** *Hist. de Nantes,* t. II, p. 255.)
20.	1502			Heures à l'usage de **Nantes**, imp. à Paris pour Simon Vostre. — (P. 1315.)
21.	1517			**Heures à l'usage de Nantes.** — **La Borderie,** *Arch. du Bibl. Breton,* t. I, pp. 45, 49, 118.)
22.	1518			**Breviarium secundum ecclesiæ nannetensis ordinarium,** 2 vol. in-12, par ordre de l'évêque François Hamon et du consentement du chapitre, Paris, 1518. — Bibliothèque de Mgr le **cardinal Richard,** ancien président de **la Commission Liturgique de 1857. — (D, 37 : et Travers,** *Hist. de Nantes,* t. II, p. 279.)
23.		1520		**Missel de Nantes,** in-4°, imprimé à Nantes chez Mart. Morin. — Bibl. Nationale, Réserve, Inventaire B, 1814. — (D. 46.)
		1525		**Missel de Nantes,** sans mention du chapitre, sous le nom de l'évêque François Hamon et avec ses armes ce qui est sans précédent. — **Travers.** *Hist. de Nantes,* t. II, p. 283.
24.			1525	**Rituel à l'usage de Nantes. — (Travers,** *Hist. de Nantes,* t. II, p. 284.)

Sommaire chronologique des Livres liturgiques *(suite)*

N°	M.	R	
25.		1554	Manuel de Antoine de Créqui, évêque de Nantes. Imprimé vers 1554, à Paris, par Jean Le Blanc, pour Mathurin Papolin et Gabriel Le Plat. In-8°. — Bibl. de Nantes. — (P. 1.319; — Travers. *Hist. de Nantes*, t. ii, p. 376.)
26.	1555 (3)		Bréviaire de Nantes, en deux volumes, mentionné par Albert le Grand. — (D, 38; — Travers, *Hist. de Nantes*, t. ii, p. 366-367.)
27.	1556		Bréviaire de Nantes, imprimé à Paris, chez Yolande Bonhomme, aux frais de Mathurin Papolin et Guillaume Le Plat. Partie d'été. — Bibl. de Nantes, nouvelles acquisitions. — (D, 38*bis*.)
28.		1556	Manuel. Nouvelle édition du n° 24. — (Travers. *loc. cit.*, p. 366.
29.		1560	Processionnal. — (Travers. *op. cit.*, p. 366.)
30.		1562	Processionnal. — Nouvelle édition du précédent.
31.	1582		Heures de Notre-Dame à l'usage de Nantes, imprimées à Paris, chez Nic. Chesneau. — (P, 1315.)
32.	1588		Missel de Nantes. Nantes. Vincent Hucet, in-fol. — Bibl. de Nantes. (D, 47; — P, 1.277; — La Borderie. *op. cit.*, p. 77, 82, 118; — Travers, *op. cit.*, t. iii, p. 15.)
33.	1598		Heures à l'usage de Nantes, imprimées à Nantes, par P. Dariou. — (P, 1315.)
34.	1611		Bréviaire de Nantes. — Bibliothèque de M. Boismen, président de la Commission de la Bibliothèque de Nantes. — (D, p. 93.)
35.	1611		Propre de Nantes, « accommodé » à l'usage de Rome par ordre de Mgr de Bourgneuf. — (Travers, *op. cit.*, t. iii, p. 166.)

Sommaire chronologique des Livres liturgiques *(suite)*

N°s	B.	M.	R.	
36.			1613	**Processionnal,** par ordre de Mgr de Bourgneuf. — (*Ibid.*)
37.		1615		**Propre des Messes,** par ordre de Mgr de Bourgneuf. — (*Ibid.*)
38.			1617	**Rituel Romain** de Paul V, imprimé par ordre de Mgr de Bourgneuf en remplacement de celui d'Antoine de Créqui de 1554 [n° 24]. — Bibl. de Nantes. — (P, 1319: — **Travers,** *op. cit.*, t. III, p. 166.)
39.	1622			**Bréviaire de Nantes.** — Bibl. Mazarine, à Paris dans un volume intitulé : *Liturgiae diversae et ritus diversi;* cote 11.846. — (D, p. 93.)
40.	1622			**Proprium Sanctorum,** de Vincent Charron, chanoine.
41.	1623			**Bréviaire de Nantes,** musée Bollandien de Bruxelles. — (D, p. 93.)
42.	1631 (?)			**Petit office du très auguste et très Saint-Sacrement,** avec les statuts et règles de la vénérable archiconfrérie dudit Saint-Sacrement érigée à Nantes dès l'an 1462. — Première édition supposée. — (P. 1310.)
43.	1638			Réimpression du **Propre** de Vincent Charron, (n° 40), sous Mgr de Cospéan.
44.	1639			**Propre,** réimpression du précédent. — (**Travers,** *op. cit.* t. III, p. 301.)
45.	1642			**Propre,** réimpression du précédent. — (**Travers,** *op. cit.* t. III, p. 311.)
46.		1644		**Graduel** de Guillaume Le Boucher, chapelain de l'église de Nantes, édité sous Mgr Ch. de Bourgneuf et ensuite Mgr Gabriel de Beauveau. Un curieux exemplaire appartient à la Fabrique de la Chapelle-sur-Erdre. Frontispice orné, première page armoriée et donation de Guillaume Libor du 28 mai 1651, dates de réparation. Sur d'autres pages quelques notes intéressantes

Sommaire chronologique des Livres liturgiques (*suite*)

N°	B.	M.	R.	
				sur les Grands-Chantres de la Collégiale et leurs charges. — Cf. *Semaine Religieuse de Nantes*, 1895, pp. 1165.
47.	1666			L'office de la Semaine Sainte, par F. Guillou. Nantes, André Querro. — Bibl. de Nantes. — (P, 1309.)
48.		1668		Messes propres, éditées par ordre de Ch. de Bourgneuf. Nantes, Pierre Querro. — Bibl. de Nantes. — (P, 1278).
49.	1675			Propre de Nantes, réédition des Propres de Charles de Bourgneuf et de Gabriel de Beauveau par Ægidius de la Baume Le Blanc, chez Pierre Querro, in-8º. — Bibl. de Nantes et du Grand-Séminaire. — (P, 1.298.)
50.	1675			Officia propria plurimorum sanctorum... Nantes. Pierre Querro, pet. in-8. — Bibl. de Nantes. — (P, 1145.)
51.		1682		Missæ de pluribus sanctis a summis Pontificibus concessæ. Nantes, chez Michel Mareschal, in-fol. — Bibl. de Nantes. — (P, 1279.)
52.			1691	Ordre des processions générales du diocèse de Nantes aux temps de Pâques, Rogations et la Pentecôte. — Nantes, Pierre Querro, pet. in-12. — Bibl. de Nantes. — (P, 1284.)
53.	1693-1700			XV annexes du propre de 1675 (nº 49), imprimés à Nantes, chez Joseph de Heuqueville (P. 1298, sous le titre *Supplementa*. 1695. — (P, 11-971)
54.	1694			Troisième édition du nº 42. Nantes, Querro et Nic. Bailly, pet. in-12. — Bibl. de Nantes. — (P, 1310.
55.	1721			Propre de Nantes. — Bibl. du Grand Séminaire de Nantes. P, p. 93.)
56.	1725			Nouvelle édition des nºˢ 42 et 54. Nantes, Nic. Verger, pet. in-12. — Bibl. de Nantes. — (P, 1311.

Sommaire chronologique des Livres liturgiques (*suite*)

N°	B.	M.	R.	
57.	1726			Officia propria **Sanctorum** de novo concessa... Nantes, Nic. Verger, in-12. — Bibl. de Nantes. — (P, 1147.)
58.	1728			Livre d'église selon le romain à l'usage de Nantes, imprimé sur l'ordre de Mgr Chr.-Louis de Sansay, chez Nic. Verger, 2 vol. pet. in-12. — Bibl. de Nantes. — (P. 1313.)
59.	1729			Office de la **Semaine Sainte** à l'usage de **Rome** selon le nouveau **Bréviaire**. Nantes, P.-Isaac Brun, in-12. — Bibl. de Nantes. — (P, 1, 155.)
60.	1730			**Lamentationes Jeremiæ**, Nantes, Nic. Verger, 1730. — Bibl. de Nantes. — (P, 1156).
61.			1730	**Diurnal**. Nantes, 1730. — La Borderie, *Arch. du Bibl. Breton*, t. I, p. 132.)
62.	1733			Nouvelle édition du **Propre de 1675** (n° 49) sur l'ordre de Mgr Chr.-Louis Turpin Crissé de Sansay. Nantes, Nic. Verger, in-12. — Bibl. de Nantes et du Grand Séminaire. — (P, 1299.)
63.			1733	**Rituale parvum**, par ordre de Mgr de Sansay. Nantes, Nic. Verger, pet. in-12. — Bibl. de Nantes. — (P, 1323.)
64.	1733	1733		**Graduale et Vesperal Proprii sanctorum Nannetensium**. Nantes, Nic. Verger. — Bibl. de Nantes. — (P, 11.969.)
65.	1737			**Heures à l'usage de Nantes**. Nantes, Nic. Verger, in-8°. — Bibl. de Nantes. — (P, 1315.)
66.	1737			**Horæ diurnæ Breviarii Romani**. — Nantes, Nic. Verger, in-16. — Bibl. de Nantes. — (P, 1137.)
67.		1740		**Missæ in agenda defunctorum**. Nic. Verger, Nantes. 1740, in-4°. — Bibl. de Nantes. — (P, 11 955.)
68.			1746	**Manuale ordinandorum**... Nantes, Nic. Verger, 1746, in-12. — Bibl. de Nantes. — (P, 1207.)

Sommaire chronologique des Livres liturgiques *(suite)*

N°*	B.	M.	R.	
69.			1749	**Processions générales.** Nantes, Vᵛᵉ Vatar, pet. in-12. — Bibl. de Nantes. — (P, 11968.)
70.			1755	Nouvelle édition du **Rituel** de 1733 (n° 63) par Msᵣ Pierre Mauclerc de la Muzanchère. Nantes, Jos. Vatar, in-12. — Bibl. de Nantes. — P, 1323.)
71.			1756	**Ordre des processions générales du diocèse de Nantes.** Nantes, Jos. Vatar, pet. in-12. (Cf. n° 69.) — Bibl. de Nantes. — (P, 1285.
72.			1767	Deuxième édition du **Manuale ordinandorum** (n° 68. Bibl. de Nantes. — (P, 1208.)
73.		?		**Missae propriae** ad usum diocesis Nannetensis. Nantes, Busseuil aîné, in-fol. (P, 1279) (1).
74.			1772	Troisième édition du précédent. — Bibl. de Nantes. (P, 1209.
75.	1773			**Manuel de Saint-Similien.** Nantes, Vatar, fils aîné, in-12. — Bibl. de Nantes. — (P, 1312).
76.	1775			**Journée du Chrétien.** — Nantes, Vatar, aîné, in-12. — Bibl. de Nantes. — (P, 1171).

(1) Les volumes suivants ont été en usage dans le diocèse de Nantes jusqu'au renouvellement des livres liturgiques entrepris en 1837 par Mgr Micolon de Guérines. Nᵒˢ 93, 94, 95.

	B.	M.	R.	
A.		1767		**Missale Pictaviense**, imprimé par ordre de Mᵍʳ M.-L. de Beaupoile de Saint-Aulaire. Poitiers, F.-J. Faulcon, in-fol. — Bibl. de Nantes. — (P. 1257.
B.			1771	**Processional du diocèse de Poitiers.** *Ibid...*, — Bibl. de Nantes. — (P. 1259.)
C.		1788		**Graduel du diocèse de Poitiers.** *Ibid.* Poitiers, F. Barbier, in-12. — Bibl. de Nantes. (P. 1258.)
				À la fin du **Missel** se trouve en supplément le n° 73 ci-dessus.

Sommaire chronologique des Livres liturgiques (*suite*)

N°	B.	M.	R.	
77.			1776	**Rituale Nannetense**, Nantes, Jos. Vatar, in-12. — Bibl. de Nantes. — (P, 1221.)
78.			1777	Nouvelle édition du précédent chez J.-B. Despilly, in-12. — Bibl. de Nantes. — (P, 1322.
79.			1779	**Excerpta ex Rituali Nannetensi**, Nantes. Jos. Vatar, pet. in-12. — Bibl. de Nantes. — (P, 132).
80.			1782	Nouvelle édition du précédent. Nantes, Despilly, in-12. — Bibl. de Nantes. — (P, 1326.)
81.	1782			A. Nouvelle édition du **Propre** de 1675 n°° 49 et 62) par ordre de Mgr Fretat de Sarra. — Nantes, Despilly, in-12. — Bibl. de Nantes. — (P, 1300.) (1).
	1782			R. Edition du même, *Ibid.* (Bibl. de Nantes n° 66-469 .
82.	?			**Officia propria quorumdam sanctorum recentium...** (annexé au précédent.)
83.	?			**Supplementum ad horas diurnas proprii SS. Nannetensium**, s. l. n. d. Nantes, XVIII° siècle.) — Bibl. de Nantes. — (P, 1301).
84.			1782	A. Troisième édition du **Manuale ordinandorum** (n° 68). Nantes, Brun ainé, in-12. — Bibl. de Nantes. — (P, 1210).
			1782	R. Quatrième édition du même. Ibid. — Bibl. de Nantes. — (P, 1211.)
85.	1789			**Heures de Notre-Dame**. Nantes, Gigougeux, pet. in-12. — Bibl. de Nantes. — (P, 1163.)

(1) M. l'abbé Ch. Gaignard. 1735-1801). principal du collège d'Ancenis, a laissé de curieux manuscrits liturgiques. Dans l'un d'eux (*Fautes à corriger dans les hymnes du Bréviaire de Paris*) se trouvent quelques très curieuses pages sur un *Projet d'un bréviaire général du Royaume* sur le modèle de celui de Bourges. Un autre travail : *Remarques sur le nouveau Propre Nantais* (daté du 22 août 1787) intéresserait particulièrement les travailleurs de notre diocèse quoique l'auteur se soit plus attaché à des critiques de formes qu'à un examen liturgique ou hagiographique du nouveau Propre.

Sommaire chronologique des Livres liturgiques *(suite)*

Nᵒˢ	B.	M.	R.	
86	1790			**Breviarium Nannetense**, par ordre de Mᵍʳ Ch.-Eutr. de la Laurencie. Versailles, Ph.-D. Pierres, in-12. — Bibl. de Nantes. — (P, 1291.)
87.	1800	1800		**Missel et Bréviaire romain** à l'usage des laïques. Nantes, Vᵛᵉ Malassis, 1800, in-18. — Bibl. de Nantes. — (P. 1172).
88.			1803	**Prières pour les processions générales.** Nantes, Mᵐᵉ Malassis, in-8°. — Bibl. de Nantes. — (P, 1286.)
89.			1808	Nouvelle édition du précédent, ibid. — Bibl. de Nantes. — (P, 1287.)
90.	1814			Nouvelle édition du nᵘ 81. Nantes, F.-C. Mellinet-Malassis, in-18. — Bibl. de Nantes. — (P, 1173.)
91.	1828			**Hymnes des vêpres** (traduites). Nantes, Mellinet, Malassis, 1828, in-12. — Bibl. de Nantes. — (P, 1144.)
92.			1830	**Excerpta ex Rituali Nannetensi.** Nantes, Mellinet. — Malassis, in-12. — Bibl. de Nantes. — (P, 66. 470.)
93.	1836			**Breviarium Nannetense**, par ordre de Mᵍʳ Jos.-M. Micolon de Guérines. Nantes, Merson, in-12. — Bibl. de Nantes. — (P, 1292.)
94.	1836			**Vespéral** à l'usage du diocèse de Nantes, par ordre de Mᵍʳ Jos.-M. Micolon de Guérines. Nantes, Merson, in-12. — Bibl. de Nantes. — (P, 1294.)
95.		1837		**Missale Nannetense**, par ordre de Mᵍʳ Micolon de Guérines. Nantes, Merson, in-fol. — Bibl. de Nantes. — (P, 1280.)
96.		1837		**Rubricae Missalis Nannetensis.** Nantes, Merson, in-8°. — Bibl. de Nantes. — (P, 1281 et 66-468.)
97.		1837		**Graduel** à l'usage du diocèse de Nantes. Nantes, Merson, in-12. — Bibl. de Nantes. — (P, 1282.)

Sommaire chronologique des Livres liturgiques (*suite*)

N^{os}	B.	M.	R.	
98			1837	**Processionnal à l'usage du diocèse de Nantes**. Nantes, Merson, in-12. — Bibl. de Nantes. — (P, 1288.)
99.	1838			**Vespéral**. Extrait du n° 1.294 de la Bibl. de Nantes, 1828. — (P, 11.953.)
100.	1839			**Bréviaire laïc de Nantes**. Nantes, Juguet-Busseuil (imp. Merson), in-12. — Bibl. de Nantes. — (P, 1314.)
101.			1843	**Lettre circulaire** de Mgr de Hercé au sujet des livres liturgiques, (s. l. n. d.) (Nantes, imp. Vve C. Mellinet, in-4°). — Bibl. de Nantes. — (P, 1304.)
102.		1845		**Graduel à l'usage du diocèse de Nantes**. Nantes, Merson, gr. in-fol. — Bibl. de Nantes. — (P, 1283).
103.	1845			A. **Vespéral à l'usage du diocèse de Nantes**. Nantes. Bourgine, Maneaux et Cie, gr. in-fol. — Bibl. de Nantes. — (P, 1295).
	1845			B. **Supplément au vespéral Nantais**. Manuscrit du XIXe siècle in-8°, 46 pages. — (P, 1296 ; — Ms. fasc. 27 de la Bibl. de Nantes).
104.	1847			**Psautier à l'usage du diocèse de Nantes**. Nantes, Bourgine, Maneaux et Cie, in-fol. — Bibl. de Nantes. — (P, 1293.)
105.			1857	**Missae et officia propria diœcesis Nannetensis** — Nantes, Vve Mellinet, grand in-4°. Travail de la commission liturgique instituée par Mgr Jaquemet et présidée par Mgr F. Richard, alors vicaire général (1). — Bibl. de Nantes. — (P, 1302).

1) Mgr Richard a traduit une partie des *Adnotationes Previæ* dont il avait fait précéder ce travail, dans son *Etude sur la légende liturgique de Saint-Clair* (op. cit. p. 8-29). On y trouve de nombreux renseignements sur l'*Ordinaire* de 263, les Bréviaires de 1400, 1470, 1518 etc.

Sommaire chronologique des Livres liturgiques *(suite)*

N°	B.	M.	R.	
106			1858	**Officia propria diœcesis Nannetensis.** Tours, A. Mame, in-12. — Bibl. de Nantes.— (P, 1303.)
107.			1858	**Mandement** de Mgr Jacquemet pour le rétablissement de la liturgie romaine dans son diocèse, 28 février 1858. — Nantes, Vve C. Mellinet. — Bibl. de Nantes. — (P, 1305.)
108.			1858	**Lettre circulaire** de Mgr l'Evêque de Nantes au sujet du rétablissement de la liturgie romaine, 28 avril 1858. — Nantes, Vve Mellinet. — Bibl. de Nantes. — (P, 1306.)
109.			1858	**Lettre circulaire** de Mgr l'Evêque de Nantes sur diverses questions relatives au rétablissement de la liturgie romaine, 31 mai 1858. — Nantes, Vve C. Mellinet. — Bibl. de Nantes. —(P, 1307.

Ce travail présente bien des lacunes ; nous le savons. Nous espérons qu'il soulèvera des critiques qui ne peuvent venir que du public compétent, malheureusement trop indifférent à cet ordre de questions et — à part de nobles exceptions, — souvent douloureusement sceptique à l'égard des travailleurs auxquels il laisse prendre sa place. Ces critiques seraient bien venues ; elles seraient une collaboration indirecte et inattendue au travail de collection de documents d'une future histoire de notre liturgie provincial. C'est là tout notre désir et il suffisait à légitimer ce travail !

JOSEPH ANGOT.